COMPTINES
POUR MON
ANNIVERSAIRE

Du même auteur

Comptines pour le temps de Noël
Comptines pour mes jouets préférés
Comptines pour compter
Comptines à croquer
Comptines à mimer
Comptines pour avoir bonne mine
Comptines pour jouer à avoir peur
Comptines pour la rentrée des classes
Comptines pour mon nounours
Comptines de la mer et du vent
Comptines en pyjama
Comptines en chocolat
Comptines de la tête aux pieds
ACTES SUD JUNIOR

Du même illustrateur

Va-t-il changer P'tit Phoque ?
Petite Poupée s'en va-t-en guerre
ACTES SUD JUNIOR

Oncle Giorgio
Le Magasin de la sorcière
BAYARD POCHE

La Fée de juillet
ÉPIGONES

Le Rossignol de l'empereur
Alice au pays des merveilles
ATLAS

© Actes Sud, 1997
ISBN 2-7427-1569-X

Loi 49-956 du 16 juillet 1949
sur les publications destinées à la jeunesse

Les Petits Bonheurs

CORINNE ALBAUT

COMPTINES POUR MON ANNIVERSAIRE

Illustrées par
YVES BESNIER

ACTES SUD JUNIOR

Pour Charles et Maxence

Un an de plus

Un an de plus
C'est, dit-on, plus
De sagesse,
De gentillesse,
D'obéissance
Et de prudence.

Plus de raison,
De réflexion,
De bon sens
Et d'expérience.
Mais si c'était vrai,
On serait tous parfaits !

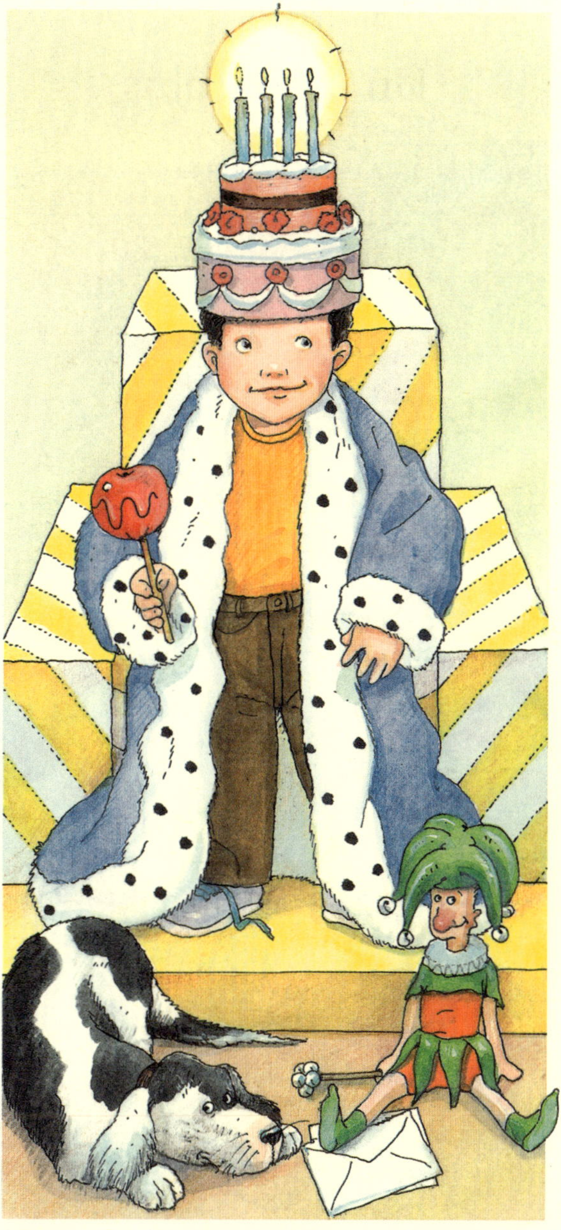

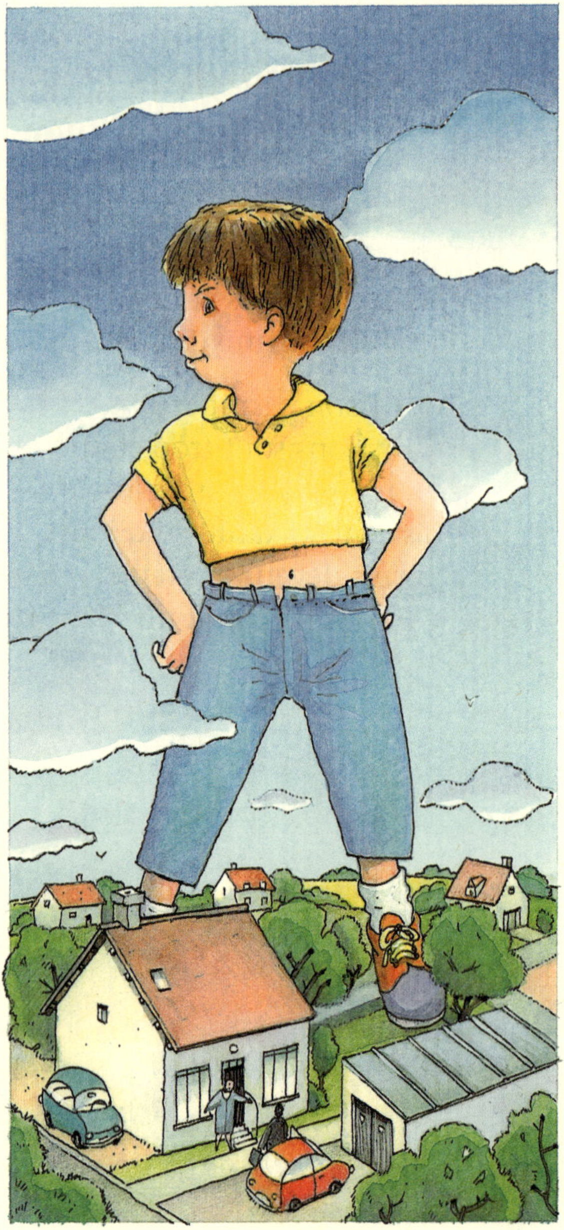

J'ai grandi !

Avez-vous vu comme j'ai grandi
Depuis l'année dernière ?
Six centimètres et demi
Entre deux anniversaires.

Mes T-shirts sont étroits,
Mes pantalons sont trop courts.
Papa, maman, regardez-moi,
En trois cent soixante-cinq jours,
Je suis devenu si grand
Que je me prends pour un géant !

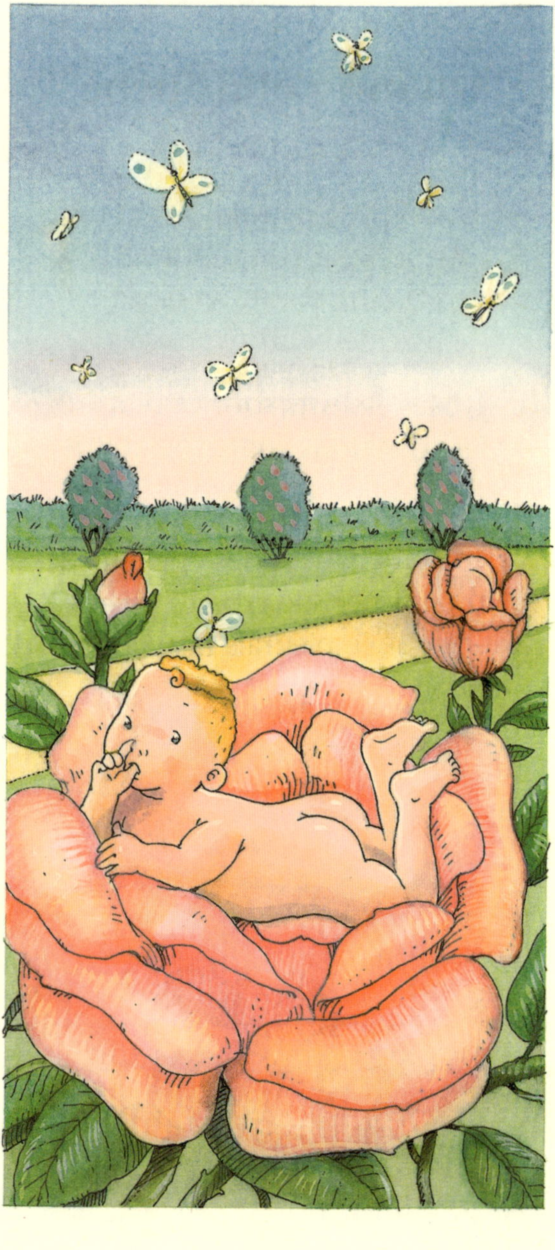

Quand j'étais bébé

Dis maman,
C'était comment
Quand j'étais bébé ?

Dis papa,
Raconte-moi
Lorsque je suis né.

Est-ce que j'avais les yeux bleus ?
Est-ce que j'avais des cheveux ?
Un petit nez, de grosses joues ?
Est-ce que je pleurais beaucoup ?

Dis maman, dis papa,
Racontez-moi tout.

Une bonne année

L'année où tu es né
Était une bonne année.

Si tu étais né l'année d'avant
Tu aurais un an de plus maintenant.

Si tu étais né l'année d'après,
Tu serais encore un bébé.

L'important, en tout cas,
C'est que tu sois là !

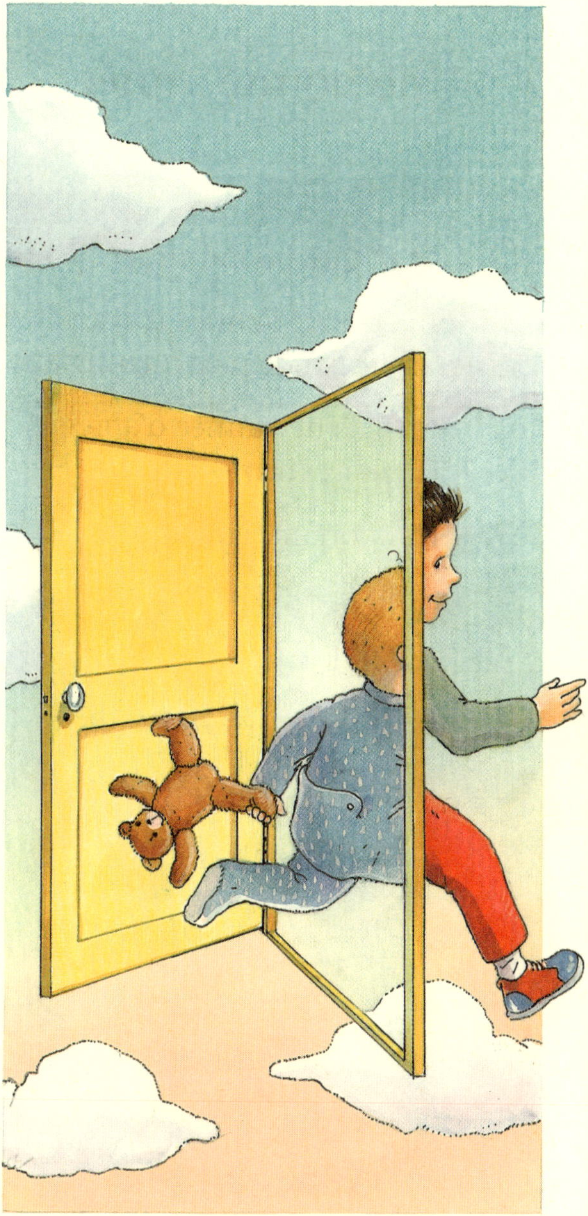

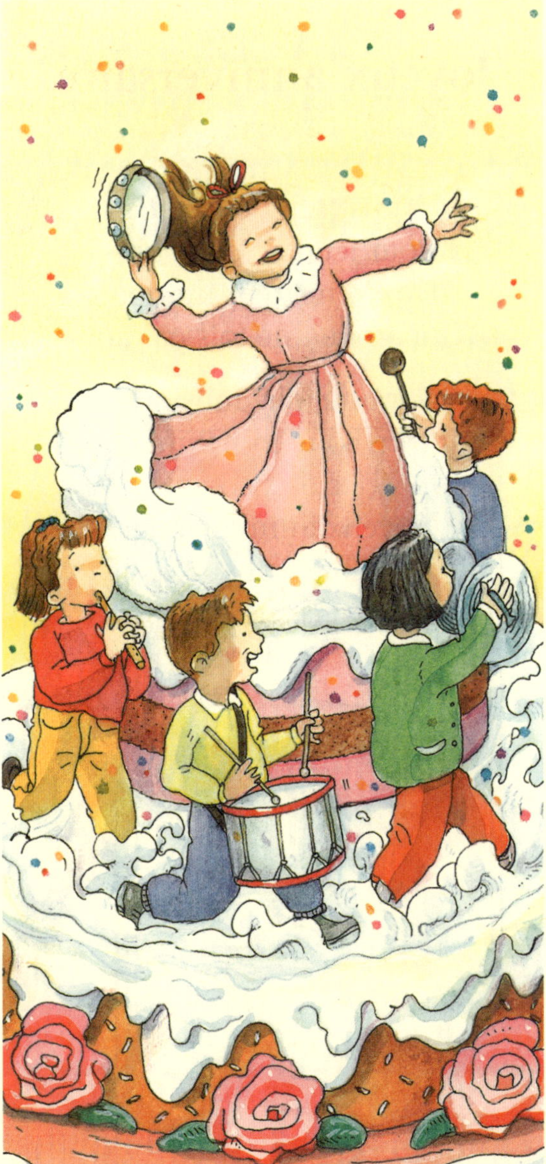

Joyeux anniversaire

Nous sommes réunis
Pour fêter aujourd'hui
Un événement unique
Qui arrive une fois par an.

Sur une jolie musique
Chantons tous en même temps,
Tous en chœur :
Joyeux anniversaire,
Du bonheur
Pour une année entière !

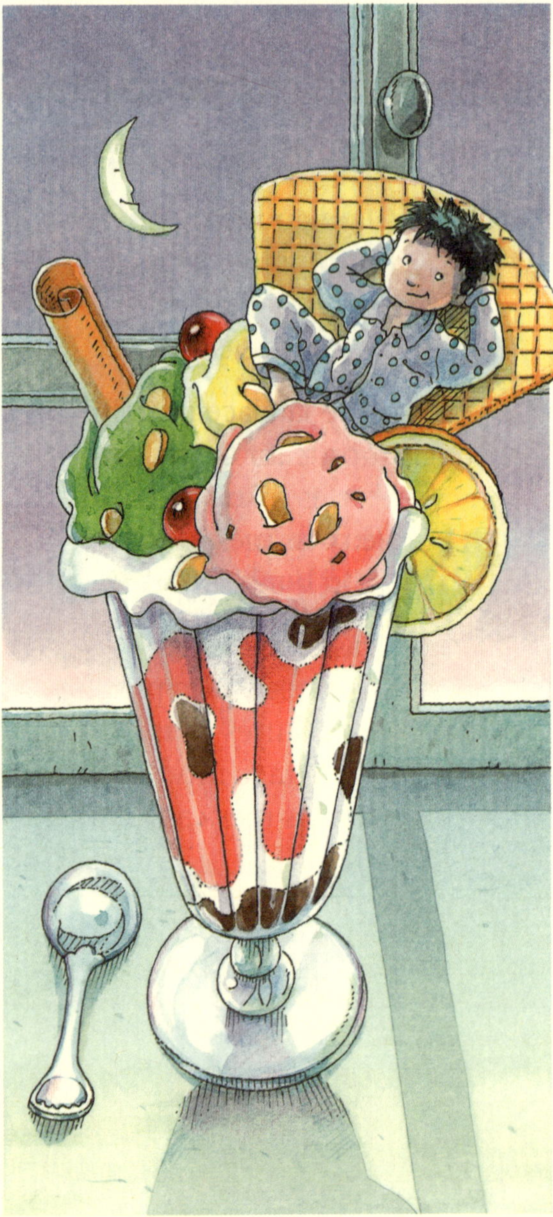

Une journée extraordinaire

Pendant une journée entière,
C'est mon anniversaire.
J'ai le droit de tout faire,
Comme l'année dernière :

Manger de la glace au café
Pour mon petit déjeuner,
Emporter des pains au raisin
À l'école pour mes copains,

Demander à la maîtresse de passer
Ma cassette préférée,
Et me coucher beaucoup plus tard
Que les autres soirs,
Après avoir partagé mon gâteau
Et ouvert tous mes cadeaux.

Quatre cartes

Le facteur a distribué
Le courrier,
Et ces quatre enveloppes-là,
C'est pour moi.

Une carte de mamy
Avec six bougies,
Une de l'oncle Léo
Avec un gâteau,

Une carte de ma cousine,
Carte qui s'ouvre et qui s'anime,
Une autre de tante Annick,
Avec une petite musique.

Sur chacune, en gros caractères,
Est écrit "Bon anniversaire" !

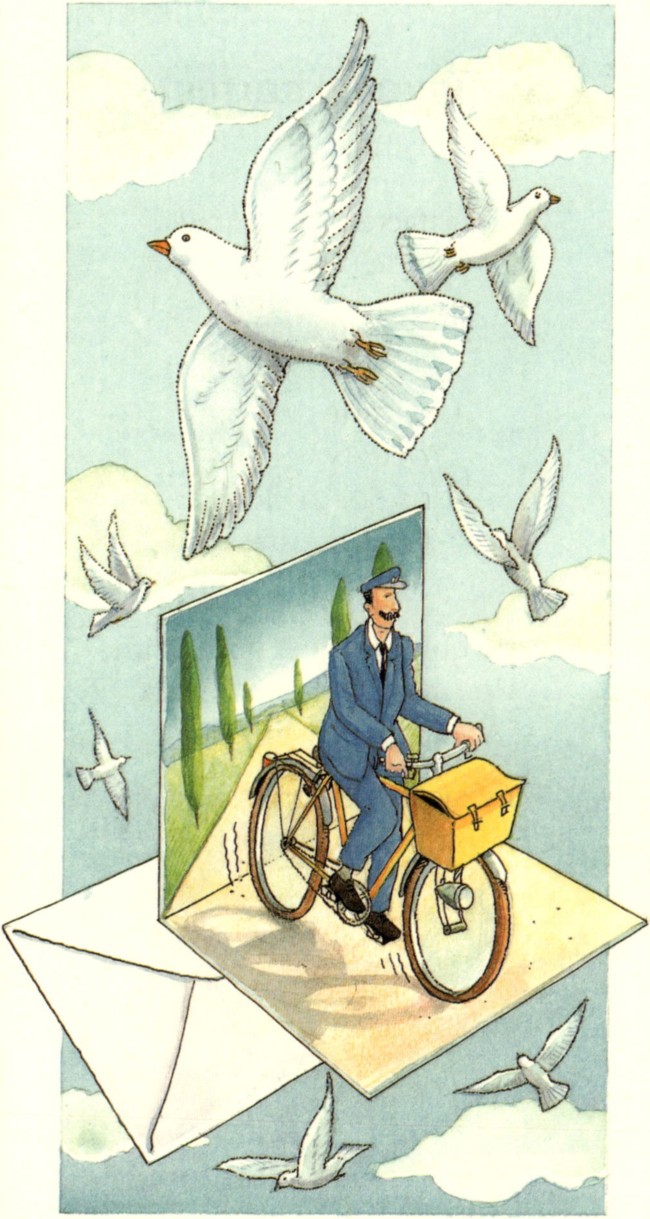

Pour mes cinq ans

Pour mes cinq ans, papa,
Je voudrais un petit chat.

Pour mes cinq ans, maman,
Un petit chat noir et blanc.

Pour mes cinq ans, grand-mère,
Un chaton aux yeux verts.

Pour mes cinq ans, papy,
Je l'appellerai Mimi.

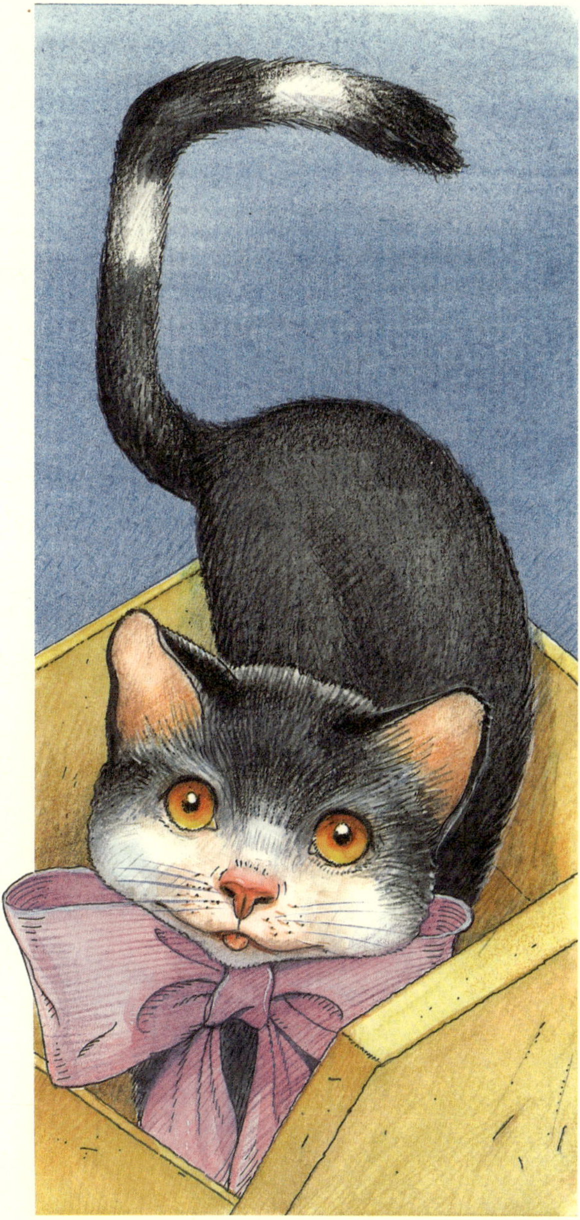

Pour mes six ans

Pour fêter mes six ans,
Je me déguise en Tarzan.

J'ai dit à mes amis
De se costumer aussi,

En souris, en princesse,
En dragon, en sorcière,
En fantôme, en ogresse,
En vampire, en panthère.

On fera une farandole,
Batifole et caracole,

Du grenier jusqu'au jardin,
Pour dire bonjour aux voisins.

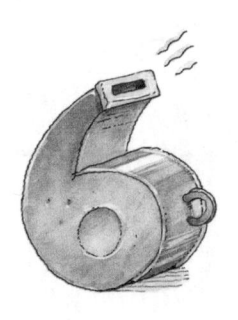

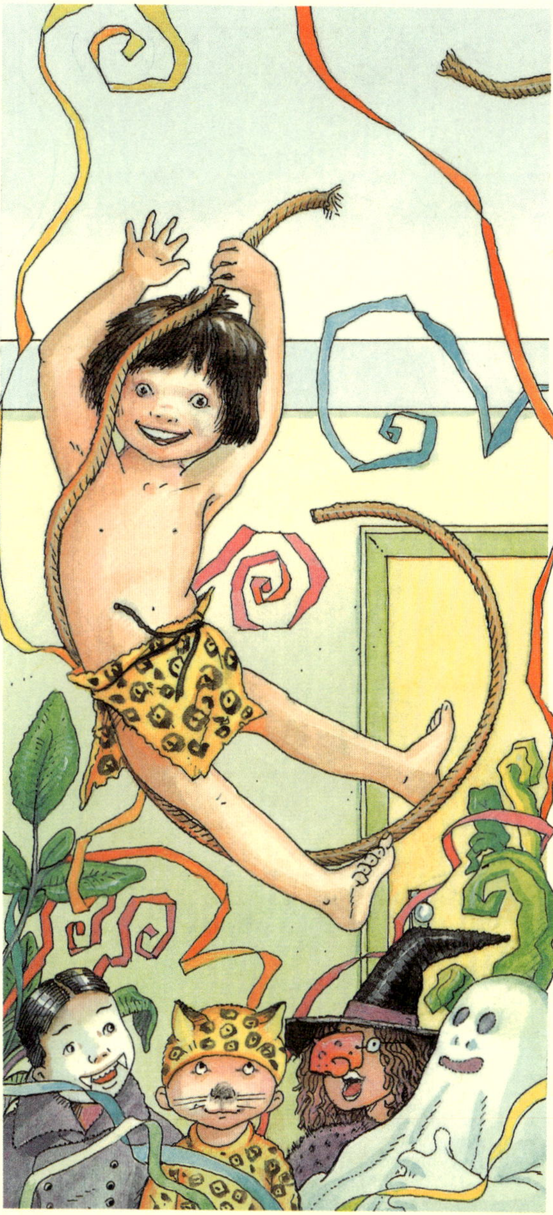

26

Pour mes sept ans

Le jour de mes sept ans,
J'ai reçu en cadeau
Un énorme bouquet
Tout orné de rubans
Et de papier brillant.

Mais si l'on me demande
Quelle est ma fleur préférée,
Elle est en pâte d'amandes
Au milieu du gâteau.

Un jour pour deux

Élise et Isabelle
Sont deux sœurs jumelles.

Elles se ressemblent tant
Qu'on les confond tout le temps.

Pourtant, l'une aime le caramel
Et l'autre adore la cannelle.

Chaque année, leur mamy,
Pour leur anniversaire,
Confectionne deux biscuits
Aux parfums qu'elles préfèrent.

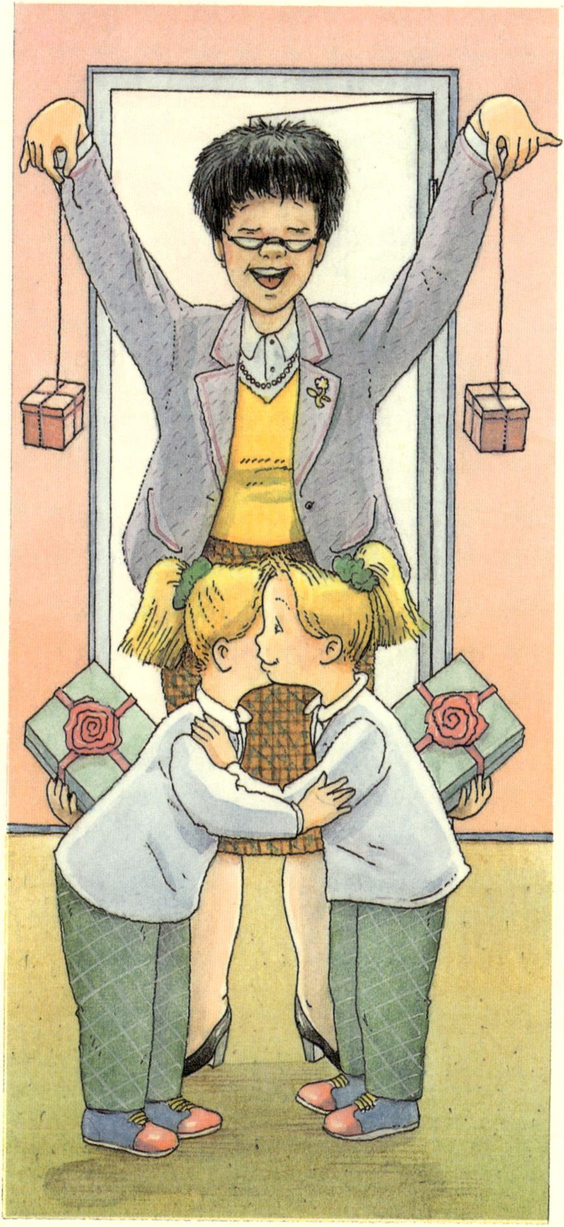

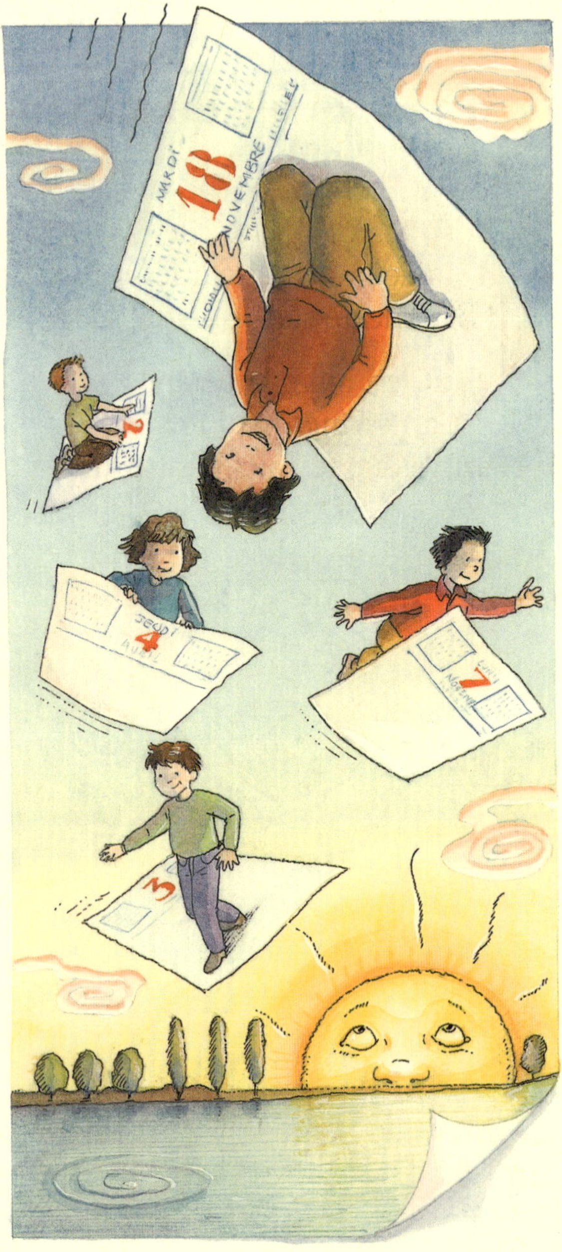
MARDI
18
NOVEMBRE
2
JEUDI
4
AVRIL
7
3

Une fois sur quatre

Ma copine Cécile
Est née le vingt-neuf février
D'une année bissextile.

C'est bien embêtant
Car le vingt-neuf février
N'arrive que tous les quatre ans !

Nés en été

Dans la classe, on fête
Chaque anniversaire,
Sauf celui d'Arlette,
De Luc et de Pierre
Qui sont nés au mois d'août.

Mais en grand secret,
Nous avons préparé
Des cartes à leur envoyer.

"Coucou, c'est nous,
Bon anniversaire,
On pense à vous !"

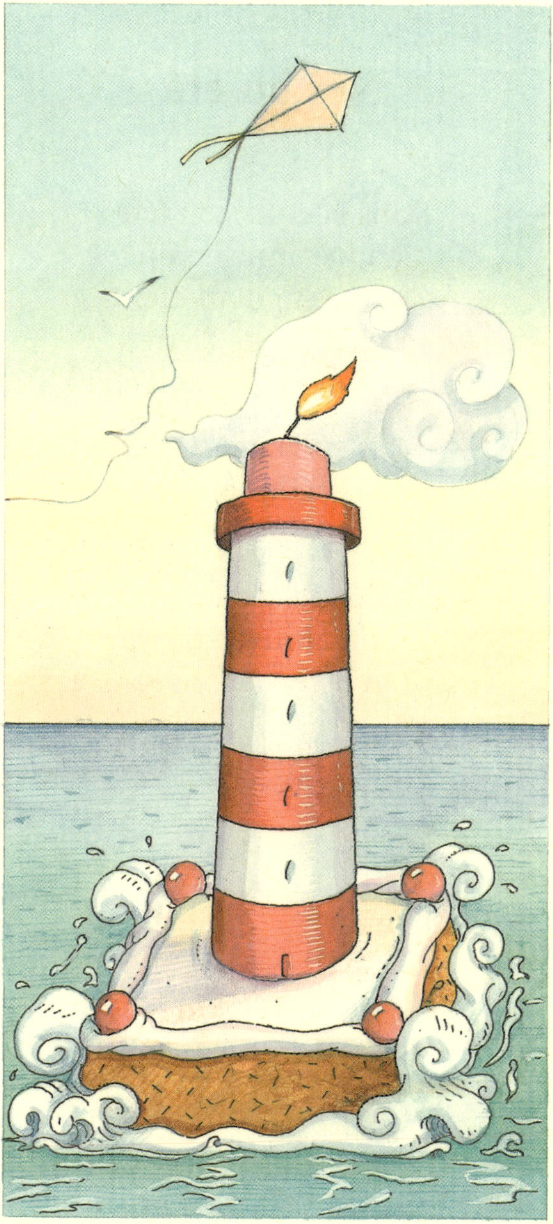

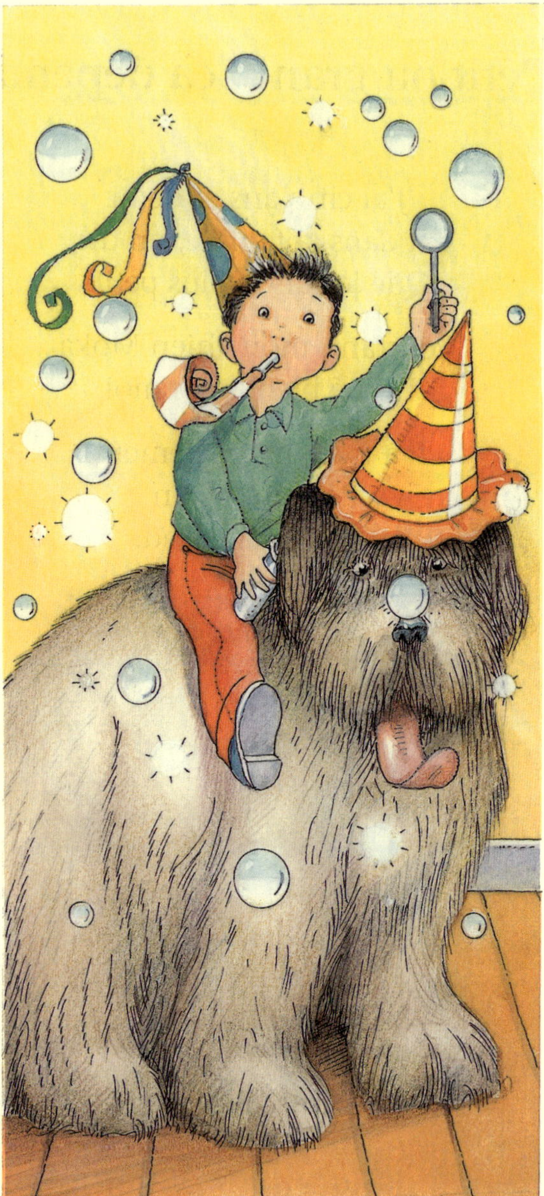

Petit ou grand, ça dépend !

J'ai cinq ans et demi
Et dans la famille, on dit
Que je suis le plus petit.

Pourtant, mon chien Moka
Est né bien après moi.

Il a trois ans seulement.
Pour un chien
C'est déjà grand.

Un bouquet de ballons

Sur des ballons,
J'ai écrit les prénoms

De tous les amis
Que j'attends aujourd'hui,
Pour souffler mes bougies :

Renaud, Charles et Alexandre,
Emma, Lucie et Cassandre,
Grégoire, Antoine et Maxence,
Marion, Juliette et Clémence.

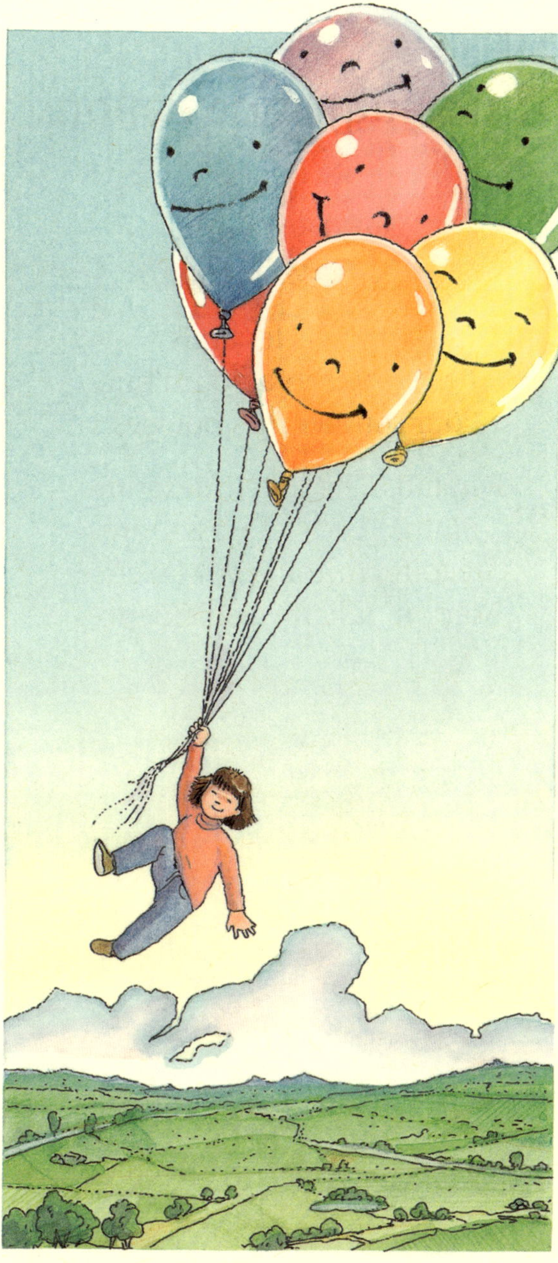

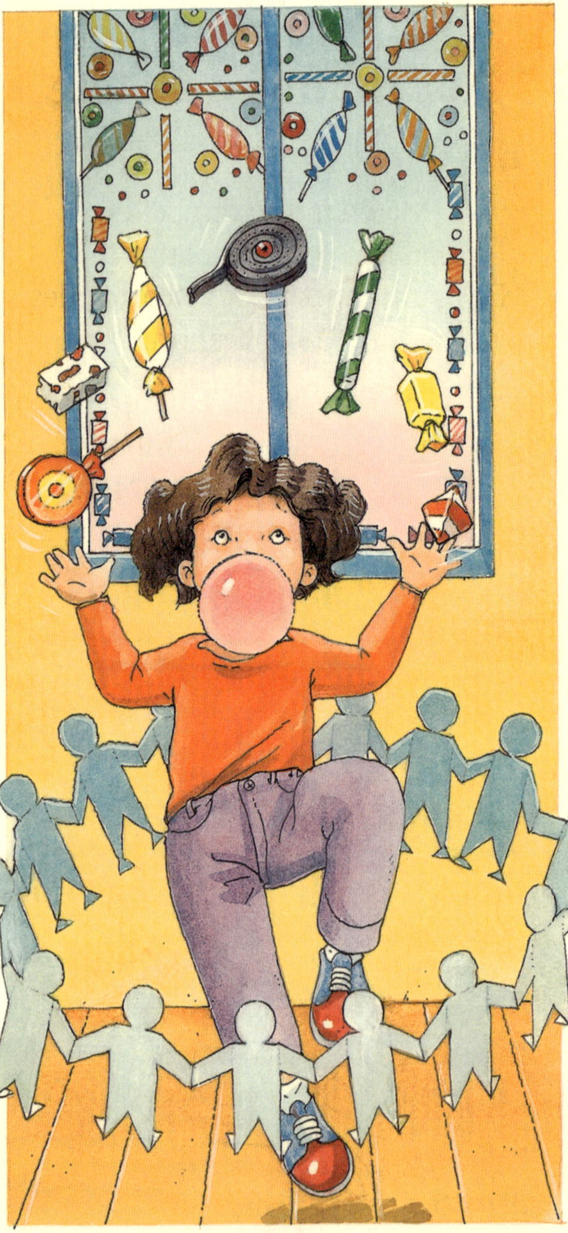

Ma chambre de fête

Ma chambre étincelle.
J'ai accroché au plafond,
Des guirlandes et des ribambelles
En papier crépon.

Sur la porte, j'ai fixé
Une couronne de bonbons
Habillés de papiers colorés.
Ça brille, et surtout, c'est bon !

40

Gâteau-mystère...

À Noël, une bûche au chocolat,
À l'Épiphanie, une galette au beurre,
Des crêpes pour la chandeleur,
Des beignets pour Mardi gras,

Et pour mon anniversaire,
Un gâteau-mystère,

Avec des bougies
Et mon nom écrit
En crème Chantilly.

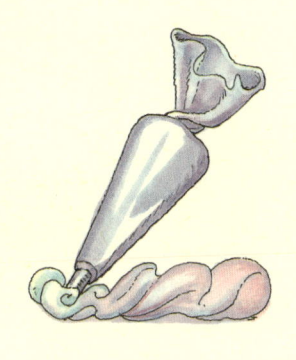

Un gâteau magique

Voici comment on fabrique
Un gâteau magique.

Il faut d'abord réunir
Un bon kilo de rires,

Un verre de chansons,
Un de bulles de savon,

Trois cuillerées de caresses,
Un zeste de tendresse,
Une livre de bisous.

Bien mélanger le tout
Et cuire à feu très doux.

Décorer de sucre candi
Et déguster entre amis.

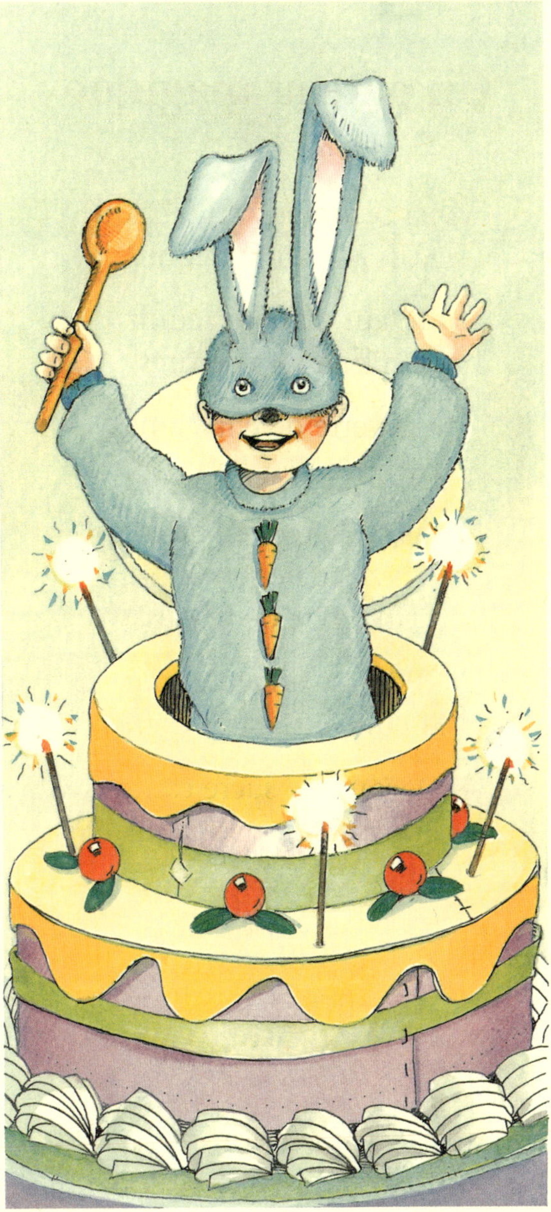

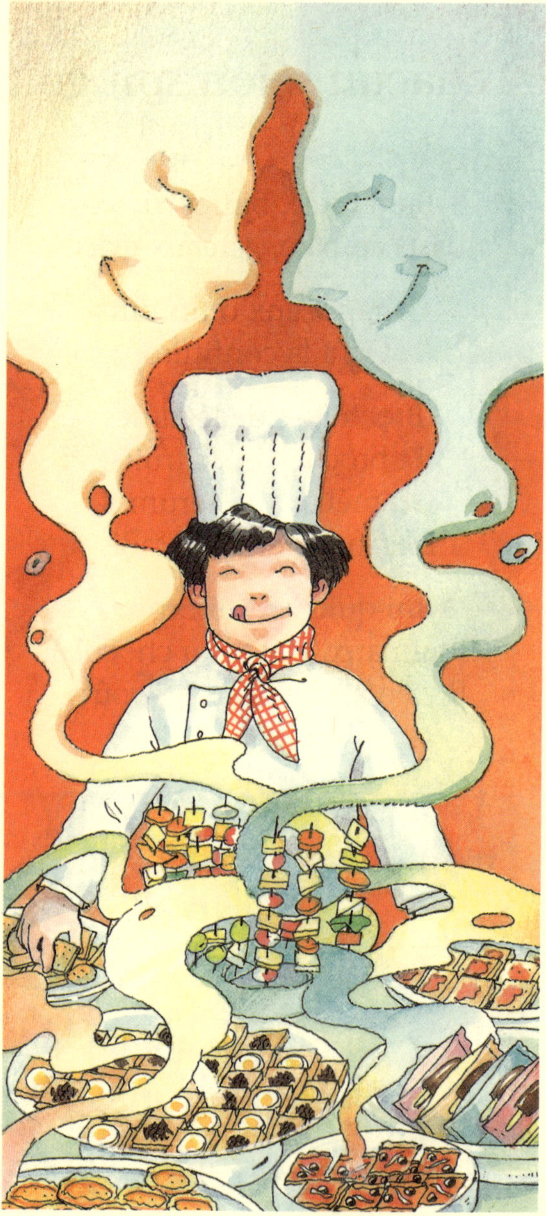

À chacun selon son goût

Buffet salé, buffet sucré,
Toasts au pâté, gâteaux glacés,

Canapés aux œufs durs
Ou à la confiture,

Brochettes de légumes
Et brochettes de fruits,
Ou mélange d'agrumes,
De fromages et de radis.

Mini-quiches, mini-pizzas,
Esquimaux, glaces au chocolat,
Il y en a pour tous les goûts.

Un arc-en-ciel de saveurs

Quel jus de fruit
As-tu choisi ?

Le jaune est à l'abricot,
Le rouge, à la grenadine,
Le blanc, au lait de coco,
Le rose, à la nectarine.

Tu peux si tu veux
Mélanger le tout
Et inventer un nouveau goût.

47

Mes cadeaux préférés

Mon cadeau numéro un
C'est un petit train.

Mon cadeau numéro deux,
Un nounours bleu.

Mon cadeau numéro trois,
Un puzzle en bois.

Mon cadeau numéro quatre,
C'est un jeu de cartes.

Mes cadeaux cinq, six et sept,
Sont des livres et des cassettes.

Mes cadeaux huit, neuf et dix,
Des cœurs en sucre et pain d'épices.

49

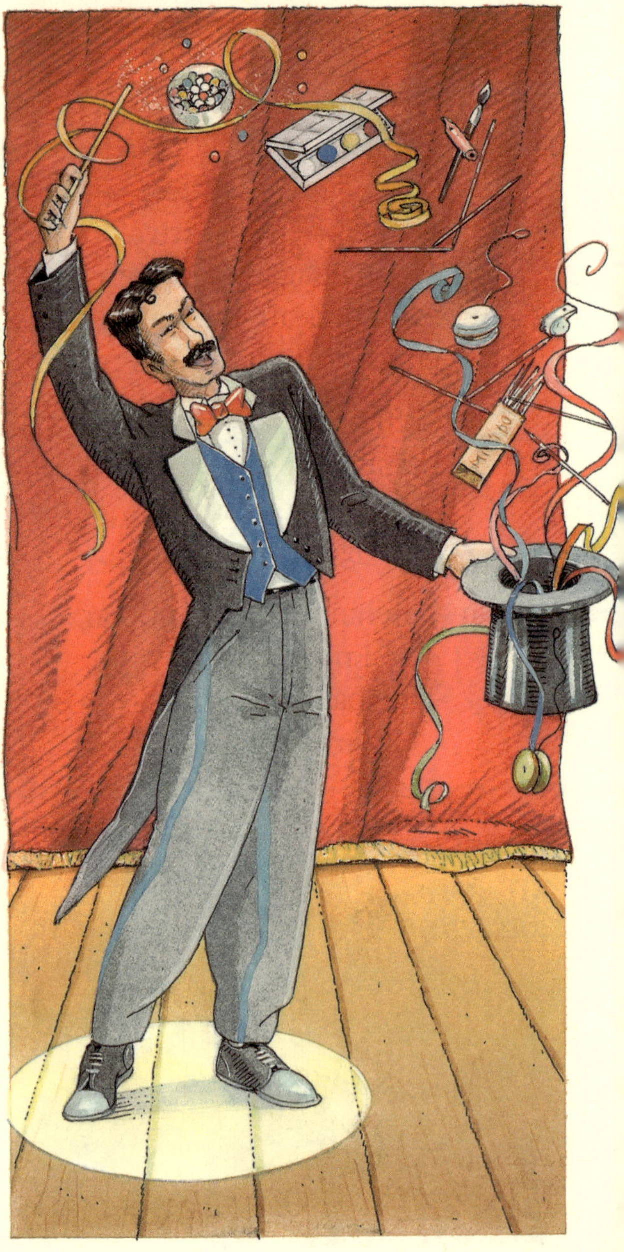

Le chapeau à cadeaux

Un magicien est arrivé
Avec une baguette dorée.
Sur son chapeau, il a frappé,
Il en est sorti des jouets :

Sifflets et dominos,
Serpentins et yoyos,
Perles et mikados,
Coloriages et pinceaux.

L'an prochain, je demanderai,
En cadeau,
Une baguette dorée
Et un chapeau.

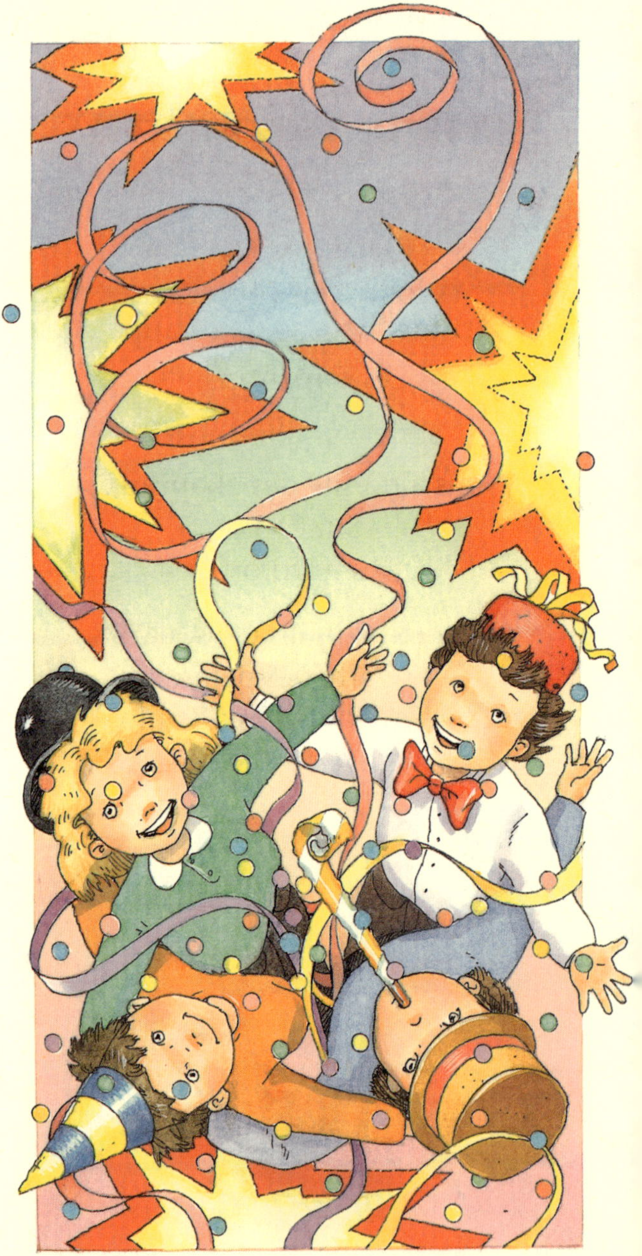

Pétards et confettis

Amélie
A fourni les confettis,
Valentin,
Les serpentins.

Marie-Do
Nous a donné des chapeaux,
Siméon,
Des mirlitons.

Ce petit coquin d'Édouard
A apporté des pétards,
Tout le monde en a voulu,
Quel chahut !

Pour souffler les bougies

Éteignez les lumières !
Quand arrive le gâteau,
Tout hérissé de bougies
Et de flammes qui scintillent,

C'est le moment important,
L'instant le plus émouvant
D'un anniversaire.

Clic, clac, une photo,
Tu peux souffler. Bravo !

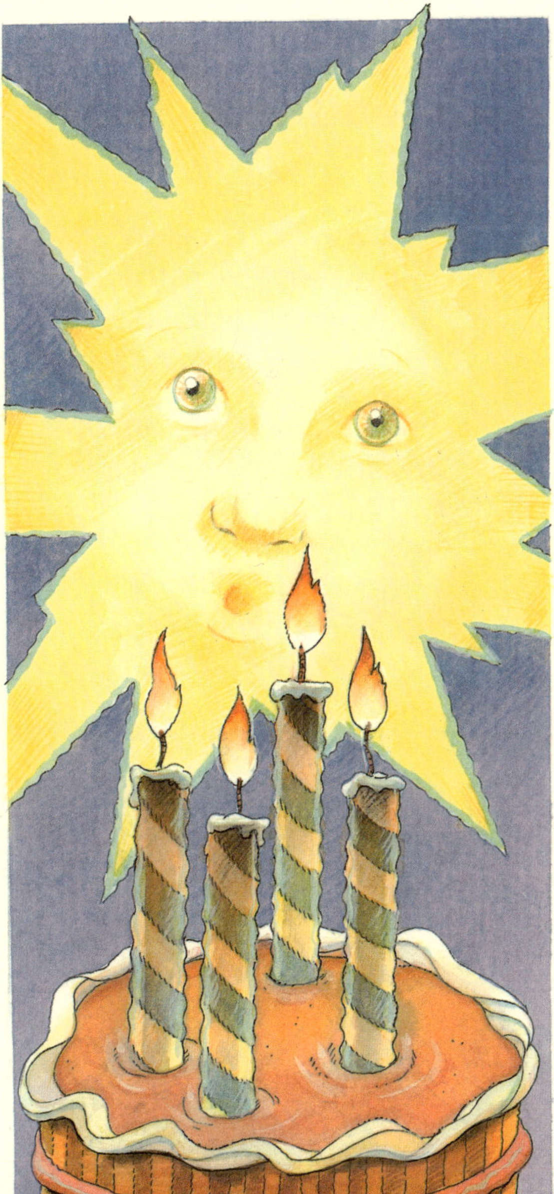

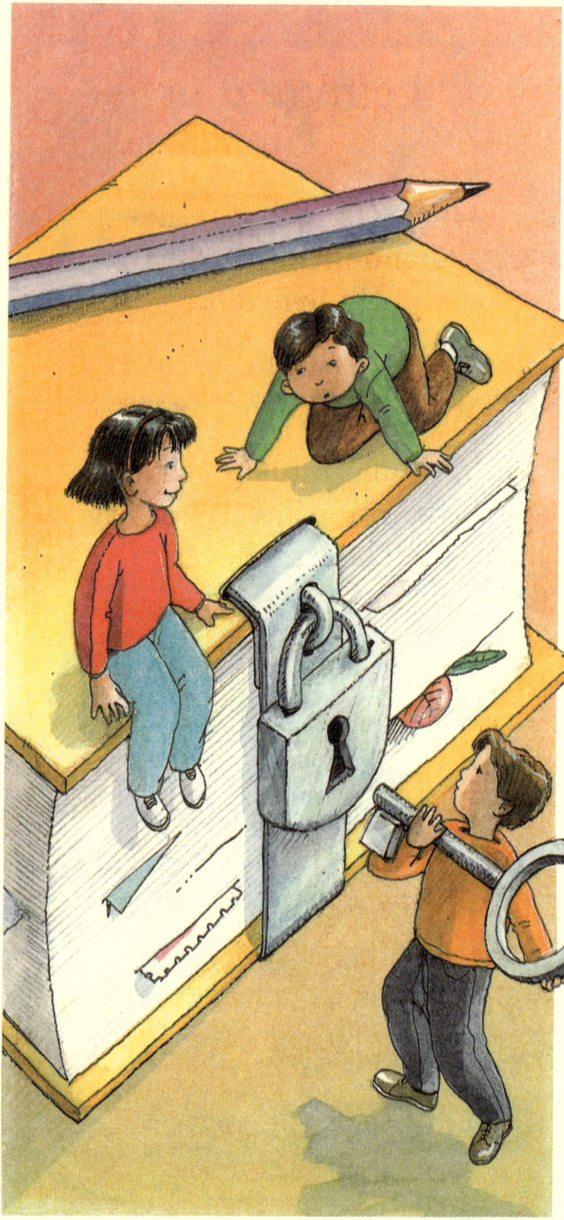

Le livre d'or

Pour mon anniversaire,
Grand-mère m'a offert
Un livre d'or.

Ce n'est pas un livre qui dort,
C'est plutôt un livre aux trésors.

Sur chaque page,
Chacun peut écrire un message,
Ou faire un dessin,
Un petit rien,

En souvenir de ce jour-là.
Un livre d'or, ça sert à cela.

Petits jeux d'anniversaire

Plus grand

Chaque année, on devient
Un peu plus grand, plus grand...
Stop !
Un jour, il faudra bien
S'arrêter et se dire
Qu'on a fini de grandir.
Mais en attendant,
Chaque année on devient
Un peu plus grand, plus grand...

Dire la comptine en superposant main gauche, main droite, main gauche, main droite, etc.

Un ban joyeux

Un deux trois quatre cinq,
Bon anni-ni-ni,
Un deux trois quatre cinq,
Bon anniver-ver,
Un deux trois quatre cinq,
Bon anniversaire !

À dire en frappant dans ses mains, pour bien rythmer le ban.

Hip, hip, hip, youpi !

Qui, qui, qui
Fêtons-nous aujourd'hui ?
C'est, c'est, c'est
Notre *Édouard* préféré.
Nous, nous, nous,
Nous l'aimons tous beaucoup,
Et pour lui,
Nous disons hip, hip, hip, youpi !

*Adapter la comptine
avec le prénom
de l'enfant concerné.*

Musique

Ran-plan-plan, ran-plan-plan,
C'est nous qui marchons devant.
Turlutut, turlutut,
Écoutez chanter nos flûtes.
Tapoti, tapota,
Frappons nos cuillers en bois.
Zim et zok, zim et zok,
Les cymbales s'entrechoquent.
Cliss et class, cliss et class,
Jacassent les maracas.

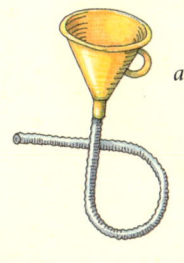

*Constituer un orchestre
avec des instruments de fortune :
barils, tuyaux de carton,
cuillers en bois, couvercles,
pots de yaourt remplis
de cailloux.*

Un collier d'années

Dans un saladier, j'ai mis
Des macaronis,
Pour en faire des colliers
Avec des lacets.
Dès que le top est donné,
On peut démarrer.
C'est le plus long des colliers
Qui aura gagné.
Top, c'est parti.

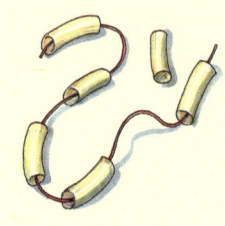

*Un jeu amusant
à faire
pour calmer des petits
un peu agités.*

Le train des années

Avec de gros cartons,
J'ai fabriqué un train,
La loco, les wagons,
Une place pour chacun.
On démarre, attention,
Un, deux, trois,
Accrochez-vous bien !

*Adapter
le nombre des wagons
à celui des enfants
ou à leur âge.*

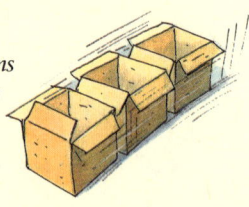

Bonbons cachés

Sur une ficelle tendue,
Des bonbons sont suspendus.
À toi de les décrocher,
Mais avec les yeux bandés.

*Un jeu
gourmand
et amusant.*

La pâte à sel

Une tasse de sel,
Une tasse et demie de farine,
Une demi-tasse d'eau.
Lorsque la pâte est belle,
Qu'elle est bien souple et fine
Comme la pâte à gâteau,
On peut faire des modelages,
Des serpents, des coquillages,
Des maisons, des tunnels.
C'est facile, la pâte à sel !

*Une idée
de cadeau à offrir
ou de décoration
pour la maison.*

Table des comptines

Un an de plus	p. 8
J'ai grandi !	p. 11
Quand j'étais bébé	p. 13
Une bonne année	p. 14
Joyeux anniversaire	p. 17
Une journée extraordinaire	p. 19
Quatre cartes	p. 20
Pour mes cinq ans	p. 22
Pour mes six ans	p. 24
Pour mes sept ans	p. 27
Un jour pour deux	p. 28
Une fois sur quatre	p. 31
Nés en été	p. 32
Petit ou grand, ça dépend !	p. 35
Un bouquet de ballons	p. 36
Ma chambre de fête	p. 39
Gâteau-mystère…	p. 41
Un gâteau magique	p. 42
À chacun selon son goût	p. 45
Un arc-en-ciel de saveurs	p. 46
Mes cadeaux préférés	p. 48
Le chapeau à cadeaux	p. 51
Pétards et confettis	p. 53
Pour souffler les bougies	p. 54
Le livre d'or	p. 57
Petits jeux d'anniversaire	p. 58

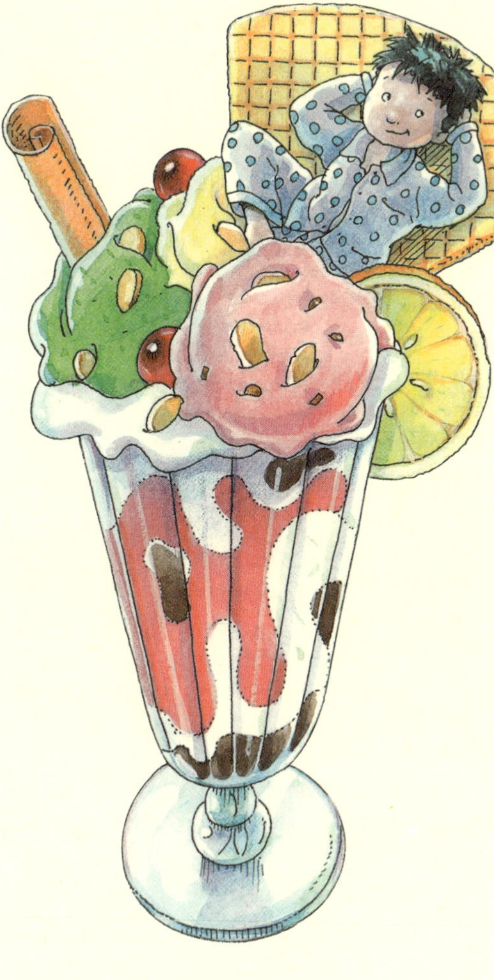

Conception graphique,
direction artistique et réalisation :
Studio de création
de Repères Communication.

Reproduit et achevé d'imprimer
en janvier 1998
par l'imprimerie Clerc
à Saint-Amand-Montrond
sur papier des
Papeteries de Jeand'heurs
pour le compte des éditions
ACTES SUD
Le Méjan
Place Nina-Berberova
13200 Arles.

Dépôt légal
1re édition : février 1998
N° imprimeur : 6680
(Imprimé en France)